BEI GRIN MACHT SICH IHR WISSEN BEZAHLT

AF135796

- Wir veröffentlichen Ihre Hausarbeit,
  Bachelor- und Masterarbeit

- Ihr eigenes eBook und Buch -
  weltweit in allen wichtigen Shops

- Verdienen Sie an jedem Verkauf

Jetzt bei www.GRIN.com hochladen
und kostenlos publizieren

Erkennungssoftware für Sprachplagiate. Zuverlässigkeit textplagiatserkennender Systeme

Daniel Janz

Bibliografische Information der Deutschen Nationalbibliothek:

Die Deutsche Nationalbibliothek verzeichnet diese Publikation in der Deutschen Nationalbibliografie; detaillierte bibliografische Daten sind im Internet über http://dnb.d-nb.de abrufbar.

ISBN: 9783346296863
Dieses Buch ist auch als E-Book erhältlich.

© GRIN Publishing GmbH
Nymphenburger Straße 86
80636 München

Druck und Bindung: Books on Demand GmbH, Norderstedt Germany
Gedruckt auf säurefreiem Papier aus verantwortungsvollen Quellen

Das Buch bei GRIN: https://www.grin.com/document/955024

Universität zu Köln

Wintersemester 2019/2020

Hausarbeit zum Modul:

Angewandte linguistische

Datenverarbeitung

Zum Thema:

Textplagiatserkennungssoftware

Student: Daniel Janz

Inhaltsverzeichnis:

1.) Einleitung

1.1) Vorwort

Obwohl das Thema Plagiate heutzutage eine nicht mehr so große mediale Relevanz hat wie noch vor einigen Jahren, handelt es sich dabei immer noch um eine weit verbreitete Problematik. Insbesondere durch den Fall Karl-Theodor zu Guttenberg im Jahre 2011 ins mediale Zentrum gerückt, gibt es immer wieder Berichte über Textplagiate in wissenschaftlichen Arbeiten von u.a. Politikern, gesellschaftlichen Funktionären und Universitätsangehörigen. Ferner berührt dieses Thema auch die Kunst, politische Debatten oder sogar internationale Interessen, wenn es beispielsweise um Produktplagiate geht. Selbst Softwareplagiate sind bereits festgestellt worden.

All diese Bereiche sind nicht zuletzt auch von juristischer Relevanz. Es entsteht der Anschein, als gäbe es zu allen Produkten, ganz gleich ob sie geistiger oder materieller Natur sind, auch die Bestrebung, diese zu kopieren. Entsprechend werden immer mehr Zeit, Arbeitskraft und Energie darauf verwendet, diese Kopien ausfindig zu machen.

Nachdem sich der Autor dieser Arbeit schon einmal im Jahr 2015 mit dieser Thematik auseinandergesetzt hat, soll hier eine neue Betrachtung des Themengebiets stattfinden. Diese Studie wird sich deshalb insbesondere damit beschäftigen, wie Plagiatserkennung in der Informationstechnologie möglich ist und nach welchen Mechanismen sie funktioniert. Dazu soll der Fokus insbesondere auf Textplagiatserkennung – zum Beispiel in wissenschaftlichen Arbeiten – gelegt werden. Eine Berücksichtigung von Produkt-, Kunst- oder Softwareplagiaten erfordern grundsätzlich andere Medien und Erkennungsvoraus-setzungen und sind daher nicht Gegenstand dieser Arbeit.

Dabei sollen die Konzepte und vorherrschenden Systeme zur Textplagiatserkennung im Fokus stehen. Nach einer Erörterung des Begriffes „Plagiate" und den Anforderungen, wie sie zu erkennen sind, soll eine exemplarische Studie verdeutlichen, wie die dafür notwendigen Systeme Anwendung finden bzw. welche der gestellten Anforderungen sie erfüllen. Eine Evaluierung soll abschließend im Abgleich mit offiziellen Testergebnissen und Berichten sowie in Retroperspektive zu der Arbeit des Autors aus dem Jahr 2015 stattfinden.

1.2) Was sind Plagiate? Hintergründe und Konzepte

Eine der gängigsten Definitionen für Plagiate ist, dass es sich dabei um eine „Anmaßung fremder geistiger Leistungen" [1][2] handelt. Bereits 2015 konnte gezeigt werden, dass dies nicht gänzlich den Kern der Problematik trifft, da diese Definition nach dem digitalen Wörterbuch deutscher Sprache keine Unterscheidung zwischen legitimer und unerlaubter Nutzung von **geistigem Eigentum** vornimmt. So sind beispielsweise Zitate in wissenschaftlichen Arbeiten oder Bezüge zu anderen wissenschaftlichen Arbeiten in dieser Definition genauso miteingeschlossen wie das legitime (und nicht selten als künstlerisch wertvoll empfundene) Covern von Liedern und Musikstücken [3]. Um den Vorwurf des Plagiats zu erfüllen muss also entweder zusätzlich zur Nutzung einer fremden geistigen Leistung noch der Bezug zum Original bewusst ausgelassen sein. Oder der von Gesetzen, wie dem Patent- bzw. Marken- [4] und Urheberrecht [5] erfüllte Tatbestand der Produktfälschung oder Produktpiraterie muss erfüllt sein, wobei letztere häufig auch in einem kommerziellen Zusammenhang geschehen. Es ist anzumerken, dass solche Richtlinien vor allem nationale Regelungen darstellen, die in Ländern, wie beispielsweise China [6] nicht zwangsläufig Anwendung finden, da dort ein anderes Verständnis von Eigentum und Kopie vorherrschen [7].

Mit anderen Worten, es geht darum, „die Leistung anderer Personen als die eigene auszugeben. Diese Motivation kann dabei in den unterschiedlichsten Bereichen auftreten. Das Kopieren einer Marke, eines Produktes oder eines Designs kann genauso gut Plagiatismus sein, wie das Kopieren und Verwenden fremder Texte oder Ideen." [8] Im Bezug zu Texten wird hier auch häufig das Qualitätsurteil „intertextuell fehlerhaft" angewandt [9].

1.2.1) Geistiges Eigentum

Es darf bei der Betrachtung von Plagiaten nicht außeracht gelassen werden, dass der in diesem Kontext angewendete Begriff des geistigen Eigentums [10] kein fest definierter ist. Im Handwörterbuch des Europäischen Privatrechts wird diese Form von Eigentum gegen das Eigentum an körperlichen Gegenständen abgegrenzt und als ausschließliches Recht an einem immateriellen Gut definiert, wobei dies sowohl auf Kunstwerke sowie technische Erfindungen angewandt wird [11], als auch das Patent- und Markenrecht umfasst. Eine klare

3

Definition, wo Kunstwerk oder eine Erfindung beginnen, und eine Abgrenzung dieser Thematiken zueinander fehlt.

Fest definiert sind stattdessen die Eigentumsrechte an denselben durch nationale sowie europäische Gesetzgebung. Diese umfassen u.a. den Schutz des Eigentums vor Diebstahl und Enteignung [12] sowie vor unerlaubter Vervielfältigung. Letztere stellt insbesondere im wissenschaftlichen Betrieb ein immerwährendes Problem dar. Schon alleine die Abgrenzung eines Zitates zu einer unbewussten Übereinstimmung hin zu einem vorsätzlichen Plagiat kann durch unsaubere Ausarbeitung (zufällige Übereinstimmung, falsche Formatierung, unvollständige Fußnoten, erfundene Quellen) bereits zu Problemen führen und eine Erkennung nicht immer eindeutig machen [13] [14]. Dazu muss auf Seiten des Prüfers die Voraussetzung erfüllt sein, die originale Quelle zu kennen und eine Zuordnung des kopierten Textes (oder wahlweise einer Grafik und/oder Statistik) herstellen zu können, um einen Verstoß gegen die Richtlinien zum geistigen Eigentum überhaupt nachweisen zu können. Dies stellt generell ein großes Problem dar, dessen Komplexität sich sogar noch steigert, wenn es sich um Plagiate aus Fremdsprachen handelt.

1.2.2) Informationstechnologische Voraussetzungen der Textanalyse

Diese vordefinierten Kriterien stellen insbesondere an die Informationstechnologie große Anforderungen dar. Diesem Fachgebiet kommt durch computergestützte Verfahren eine Schlüsselrolle in der Erkennung unerlaubter Kopien – insbesondere Textkopien – zu. Hier besteht im Wesentlichen die Herausforderung darin, Zeichenketten unterschiedlicher Codierungen mit einem Korpus anderer Zeichenketten auf Ähnlichkeiten abzugleichen. Bereits am Beispiel eines in der Satzstruktur umgesetzten Wortes wird deutlich, dass dieser vorausgesetzte Mechanismus schnell an seine Grenzen stößt, ein mutwillig umformulierter und als eigen herausgegebener Text sprengt die zugrundeliegenden Funktionen regelrecht [15]. Bei Fremdsprachenplagiaten steigert sich zudem auch noch die Dimension des Problems, da hier eine Zuordnung nicht mehr wörtlich, sondern semantisch erfolgen müsste.

Generell setzt die informationstechnologisch begründete Textplagiatsidentifizierung nicht nur eine Vielzahl an Erkennungsmechanismen voraus, sondern auch einen möglichst umfangreichen, im Idealfall alle Texte der Weltgeschichte umfassenden Suchkorpus, mit dem der zu überprüfende Text abgeglichen werden muss. Denn ist eine Textgrundlage nicht im Suchkorpus vorhanden oder liegt sie nicht digital vor, kann diese auch nicht auf eine unerlaubte Kopie überprüft werden [16].

Grundsätzlich stellt ein Zerlegen einer Zeichenkette (**String**) – unabhängig von deren Kodierung – in Textbausteine und ein darauffolgender Abgleich gegen Textbausteine fremden Ursprungs die einfachste aller Methoden dar. Hierzu wird der Text häufig auf einen Server hochgeladen, was ihn ebenfalls zur Referenz für spätere Plagiatsprüfungen machen, aber gleichzeitig auch einen Urheberrechtsverstoß darstellen kann [17].

Große Herausforderungen stellt indes der semantische Abgleich dar, da hier nicht Zeichenketten gegen Zeichenketten, sondern Bedeutungsebenen miteinander verglichen werden müssten, was mit einer einfachen Zeichenkette ohne Zusatzinformationen kaum geleistet werden kann. Denkbar wäre der Abgleich jedes einzelnen Wortes mit einer entsprechenden Datenbank, wo jedem Wort auch ein semantischer Schwerpunkt zugeordnet werden kann, oder eine Textcodierung in XML-Datenstrukturen, die den Bedeutungsschwerpunkt eines Wortes ermittelt und zum Vergleich verwendet. Letzteres trifft jedoch auf die meisten Texte nicht zu. Da sowohl der Datenbankabgleich, als auch die Formatierung in XML außerdem nicht nur mit dem Ursprungstext sondern faktisch jedem Vergleichstext geschehen müsste, ergäbe sich hier nicht nur die Notwendigkeit einer immens großen Datenbank, sondern auch eine exponentielle Vervielfältigung der notwendigen Rechenleistung. Faktisch ist die heutige Software dazu nicht in der Lage [18]. Es ist entsprechend anzunehmen, dass die Steigerungsform, dies auch noch in allen Fremdsprachen zu leisten, in nächster Zukunft unbewältigt bleiben wird.

1.3) Anforderungen an Textplagiatserkennungssoftware

Nichtsdestotrotz gibt es bereits Programme und Forschungsgruppen, die Plagiatserkennungssoftware anbieten oder ausbauen, was die Herausforderung stellt, diese auch qualitativ einzuordnen. Bereits 2015 stellte der Autor dieser Arbeit eine Reihe von Kriterien auf, die eine gute Plagiatserkennungssoftware erfüllen muss. Diese haben sich über die Jahre nur wenig verändert, sodass sie auch heute noch gelten:

Eine ideale Software „muss in Texten aus anderen Texten übernommene Stellen ausfindig machen und (im Idealfall mit Quelle) als bloße Kopien kenntlich machen können" [19]. Das betrifft nicht nur einfache Kopien („*Copy & Paste*") sowie Eigenplagiate, sondern auch Plagiate, die aus mehreren Textbausteinen unterschiedlichen Ursprungs („*Shake & Paste*") zusammengestellt sind, die durch Umformulierung verfremdet oder aus anderen Sprachen

(„*Fremdsprachenplagiat*") übernommen wurden [20]. Mögliche weitere Plagiatsarten sind auch das *Ideenplagiat*, wo zwar ein Inhalt übernommen, durch geschickte Umschreibung aber so verändert wird, dass der Bezug zum Original nicht mehr herstellbar ist sowie das *Strukturplagiat*, wo Gliederung, Satzaufbau, Syntax usw. aus fremden Quellen übernommen werden [21]. Für diese Arten von Plagiaten sind bisher keine Analysetools bekannt.

Im Jahr 2015 spielte auch das Beispiel des *Stilplagiats* eine Rolle, das zum damaligen Zeitpunkt durch computerbasierte Mechanismen nicht identifizierbar war. Auch heute stellt die Erkennung von stilistischen Kopien noch ein Problem dar, denn „eine Software ist im Regelfall darauf programmiert, exakte Übereinstimmungen von Texten nachzuweisen und aufzuzeigen. Wird die Struktur eines Satzes bereits allein durch das Umstellen eines Wortes geändert, erzeugt das für den Programmierer von Plagiatserkennungssoftware bereits erhebliche Probleme." [22] Wie Michael Tschuggnall, Informatiker an der Universität Innsbruck, in seinem Aufsatz „Automatisierte Plagiatserkennung in Textdokumenten" zeigt, gibt es auf diesem Gebiet jedoch erste Fortschritte, die auch kurz thematisiert werden sollen. Stilistische Eigenarten zu identifizieren und anschließend mit anderen Texten abzugleichen erscheint damit nach wie vor als Herausforderung aber nicht mehr als unlösbare Aufgabe.

2.) Theorie und Softwareansätze

2.1) Theoretische Ansätze zur Plagiatserkennung

Beim Aufstellen dieser grundsätzlichen Anforderungen ist die Frage zentral, wie diese technologisch realisiert werden können. Hierzu gilt es auch zu hinterfragen, welche Art von Plagiat eine Software erkennen soll, da mit unterschiedlichen Erkennungsmerkmalen auch unterschiedliche technologische Realisierungen verbunden sind.

Entsprechend der zuvor aufgezeigten Anforderungen sollen deshalb im Folgenden unterschiedliche Erkennungsmechanismen und -ansätze erörtert werden.

2.1.1) Erkennung einfacher Textkopien

Alleine beim einfachsten Fall einer reinen Textkopie ist klärungsbedürftig, ab wann von einem Plagiat zu sprechen ist. Software per se ist (zumindest laut Ansgar Schäfer Herausgeberin der Zeitschrift „Plagiatsprävention", Uni Konstanz) nicht in der Lage, dies abschließend zu beurteilen – eine Einordnung bedarf immer eines menschlichen Korrekteurs [23]. Damit stellt sich an den Programmierer eines solchen Tools auch immer die Frage, was überhaupt miteinander abgeglichen werden kann und muss, um den gerechtfertigten Verdacht eines Plagiats aussprechen zu können. So erscheint es beispielsweise nicht sinnvoll, jedes einzelne Wort eines Textes mit allen Worten aller anderen zur Verfügung stehenden Texte abzugleichen – abgesehen von der benötigten immensen Rechenleistung für solch eine kleinschrittige Suche innerhalb eines potenziell unendlichen Suchkorpus ist das Ergebnis, dass einzelne Worte in vielen anderen Texten auffindbar sind, bereits vorwegnehmbar.

Die kleinste sprachstrukturelle Einheit, bei der ein Abgleich sinnvoll erscheint, ist der Satz. Auch dieser muss eine Mindestwortzahl erreichen, um einen Abgleich zum Zwecke der Identifizierung von Plagiaten praktikabel werden zu lassen. Für kleine Satzstrukturen, die im Deutschen zum Beispiel nur aus einem Subjekt, einem Prädikat und (wahlweise noch) einem Objekt bestehen, erscheint ein Abgleich nicht sinnvoll. Denn Übereinstimmungen mit solchen minimalen Konstruktionen können mit vergleichsweise hoher Wahrscheinlichkeit rein zufällig entstehen. Generalisiert lässt sich annehmen, dass die Wahrscheinlichkeit einer zufälligen Übereinstimmung signifikant abnimmt, je komplexer eine Sprachstruktur in sich ist. Desto höher liegt demnach auch die Wahrscheinlichkeit, es bei einer Übereinstimmung zweier komplexer Strukturen mit einer Kopie (und damit mit einem Plagiat) zutun zu haben.

Je komplexer eine Struktur, desto problematischer ist gleichzeitig deren Erfassung und Verarbeitung auf informationstechnologischer Basis. Der gangbare Weg stellt eine Kompromisslösung zwischen Erkennung und Abgleich einzelner Satzstrukturen bzw. „Fragmente" [24] dar, die für eine Verarbeitung nicht zu komplex, aber umfangreich genug sind, um zufällige Übereinstimmungen möglichst ausschließen zu können. Beispiele solcher Strukturen könnten Konstruktionen aus Haupt- und Nebensatz in beliebiger Variation sein.

2.1.2) Sprachtheoretische Grundlagen

Grundsätzlich stellt sich aber auch die Frage, ob eine solche Textvergleichungssoftware überhaupt in der Lage sein muss, Satzstrukturen erkennen und damit analysieren zu können. Der denkbar einfachste Fall wäre, dass eine Software lediglich eine bestimmte Anzahl Worte als Suchparameter abzählt, diese dann mit allen vorhandenen Suchtexten auf identische

Merkmale abgleicht und nach Abschließen dieser Suche den Suchindex innerhalb des Textes weiter verschiebt. Diese simple Methode ist damit gleichzeitig auch besonders fehleranfällig, denn es braucht in einem Satz nur ein Komma verschoben oder ein Rechtschreibfehler eingebaut zu sein und schon ist die Software nicht mehr in der Lage, ein Plagiat zu erkennen. Eine Verbesserung dieser Methode stellt nach Michael Tschuggnall die „Algorithmierung der Suchfragmente" dar, die den Mechanismus immerhin gegenüber solchen kleinen Fehlern robust macht [25].

In solchen Fällen kann die grammatikalische Bedeutung eines Wortes nicht mehr außen vorgelassen werden. Theoretisch bestünde die Möglichkeit, aus einem eingelesenen Satz einfach eine Liste von Wörtern zu erstellen und im Suchkorpus zu überprüfen, ob alle oder viele Wörter dieser Liste in einem anderen Text möglichst nahe beieinanderstehen. Je generalisierter der Prozess abläuft, desto ungenauer ist jedoch dessen Aussagekraft, schon alleine durch das zuvor erwähnte Problem der unbewussten und nicht beabsichtigten Ähnlichkeiten. Eine Kontextualisierung des entsprechenden Textausschnittes ist stets notwendig, was auf Softwarebasis noch eine große Schwierigkeit darstellt.

Semantische Wortbedeutungen lassen sich auf informationstechnologischer Grundlage stattdessen zwar identifizieren, setzen jedoch in der Regel spezielle Textcodierungen voraus (auf die Möglichkeit der XML-Codierung wurde bereits hingewiesen). Dies für alle Texte des Suchkorpus sowie den zu überprüfenden Text zu erfüllen, stellt seinerseits einen erheblichen Aufwand dar und erscheint nur bedingt praktikabel, sodass dieses Vorgehen in Verbindung mit dem extrem hohen Rechenaufwand wenig hilfreich erscheint.

2.1.3) Stilistische Textanalyse

Eine Weiterentwicklung der Lösung benennt Michael Tschuggnall in seinem Aufsatz „Automatisierte Plagiatserkennung in Textdokumenten" die Möglichkeit der Textstilanalyse, um Aussagen über die Wahrscheinlichkeit eines Plagiats innerhalb eines fertigen Textes anstellen zu können [26]. Er bezieht dazu nicht nur augenscheinliche Auffälligkeiten wie uneinheitliche Formatierungen oder abweichende Absatzstrukturen mit ein. Sondern er spricht auch von „intrinsischer Erkennung" von Textmerkmalen im Gegensatz zu der (auch hier bisher behandelten) externen Untersuchung. Hierbei beschränke sich die Analyse auf den zu untersuchenden Text allein, indem z.B. das „Vokabular, die (durchschnittliche) Satzlänge oder die Komplexität der verwendeten Grammatik" untersucht wird, wofür zuletzt Autorenprofile erstellt werden, die eine „automatisierte Schriftstück-Autor-Zuordnung" leisten können sollen [27]. Zwar gesteht er ein, dass dieser so genannte „Plag-Inn-Algorithmus" auch keine Aussagekraft darüber treffen kann, wie sicher ein Plagiat vorliegt und diese Methode obendrein weniger akkurat ist als ein externer Suchabgleich. Jedoch erscheint diese zusätzliche Analyse sinnvoll, um in Ergänzung stärker begründete Hinweise liefern zu können.

Denkbar wäre es, diese Methode auch insofern zu modifizieren, als dass über die Bedeutungsebene Texte in unterschiedlichen Sprachen miteinander verglichen werden. Auch der in zwei unterschiedlichen Texten verwendete Schreibstil ließe sich so überprüfen. So ließe sich eine technologisch basierte Aussage darüber treffen, ob ein Sprach- oder im zweiten Fall ein Stilplagiat vorliegt.

2.2) Abgleich von Texten: Zwischenfazit, welche der angezeigten theoretischen Möglichkeiten sich technologisch realisieren lassen

Wie die erwähnten Mechanismen zeigen, existieren bereits Methoden, um dem Problem der Plagiatserkennung zu begegnen. Problematisch ist nach wie vor die Unterscheidung zwischen Plagiat und regulärem Zitat. Davon abgesehen erscheint eine Identifikation einfacher Kopien jedoch theoretisch genauso möglich wie das Erkennen geringfügig veränderter Textauszüge, vorausgesetzt die Quelle ist bekannt. Durch Algorithmisierung und Sprachanalyse bestehen inzwischen weitere Mechanismen zur Verfeinerung der Suchfunktionen. Die Analyse sprachlicher Eigenarten wie die intrinsische Textanalyse stellt weiterhin erste Ansätze zur Erkennung von Stil- sowie Sprachplagiaten dar.

Zentral soll nun die Frage sein, wie diese Mechanismen praktisch umgesetzt werden und welche Ergebnisse sie liefern. Dazu sollen im Folgenden einige namhafte Plagiatserkennungstools exemplarisch vorgestellt und getestet werden. In einer Auswertung dieser Evaluation soll dann im Vergleich zu bereits vorhandenen Testergebnissen aufgezeigt werden, ob diese Tools in der Lage sind, unterschiedliche Arten von Plagiaten zu erkennen und inwiefern sie verwertbare Ergebnisse liefern.

3.) Praktische Evaluierung

3.1) Auswahl aus den vorhandenen Systemen

Bei der Auswahl der für diese Arbeit relevanten Tools wurde ein großes Augenmerk darauf gelegt, welche Institutionen entsprechende Software verwenden und welche Ergebnisse aus früheren Prüfungen existieren. Einen maßgeblichen Punkt stellten hier die Testergebnisse der HTW Berlin aus den Jahren 2010 und 2013 dar [28]. Basierend auf diesen wurden insbesondere Programme herangezogen, die sich in der Vergangenheit als mindestens „eingeschränkt hilfreich" erwiesen haben.

Nicht alle gewünschten Tools konnten für diese Arbeit verwendet werden. *CopyScape* wurde beispielsweise ausgespart, weil es sich auf Internetinhalte und damit nur auf Webseiten beschränkt [29], nicht aber wissenschaftliche Arbeiten oder literarische Texte mit abdeckt. Auch *Ephorus* konnte nicht verwendet werden, weil es inzwischen in *Turnitin* integriert ist [30], welches z.b. von *Scribbr*, der Universität Hamburg [31] und Universität Hohenheim [32] genutzt wird. Leider konnte *Turnitin* ebenfalls nicht mitaufgenommen werden, weil das Kontaktformular der Homepage zu einem „*404-Not Found*"-Fehler führte und eine Registrierung nur mit zuvor erteilter ID möglich war. Weiterhin wurde für das Tool *Plagium* vom Hersteller kein Zugriff erteilt, da das Tool laut diesem nicht umfangreich genug sei, um eine Studie dieser Größenordnung zu unterstützen und kein Support für deutsche Sprache möglich wäre. Der kostenlose Funktionsumfang, Texte von maximal 1000 Zeichen Länge zu überprüfen, stellte sich im Verlauf der Studie als unzureichend heraus. Die Anbieter von *Bachelorprint* und *Noplagiat.de* reagierten nicht auf die Anfrage.

Die abschließende Testauswahl fiel dementsprechend auf folgende Programme:

Kostenpflichtig	eingeschränkt kostenlos	Freeware
- PlagAware - StrikePlagiarism	- PlagScan - Urkund	- Duplichecker - Grammarly - Plagiarisma - Prepostseo

(- Tabelle 1: Übersicht der für diese Studie getesteten Tools, sortiert nach Kostenfaktor. Bedingt kostenlos bedeutet, die Software bietet (trotz kostenloser Registrierung) vollen Funktionsumfang nur gegen Bezahlung an)

3.2) Suchkriterien

Um eine Vergleichbarkeit der späteren Testergebnisse zu gewährleisten, müssen alle Tests denselben Kriterien folgen. Dazu werden alle Softwares mit denselben Texten geprüft. Orientierung schafft hier der vorangegangene Test aus dem Jahr 2015, der mit *PlagScan* (damals noch unter dem Namen „*PlagiatCheck*") nur eine Plagiatserkennungssoftware verwendete. Damals wurde der Fokus insbesondere auf die Erkennung einfacher Kopien sowie auf Sprachplagiate gelegt. Diese sollen auch hier den wesentlichen Teil ausmachen. Eine Überprüfung auf stilistische oder „intrinsische Erkennungsmerkmale" wird nicht stattfinden, empfiehlt sich aber als Arbeitsgrundlage für nachfolgende Evaluierungen.

Einige Tools (*Grammarly*, *DupliChecker*) bieten über die Plagiatsprüfung hinaus auch Tools zur selbstständigen Textkorrektur oder Paraphrasierung an, die nicht Bestandteil dieses Tests sein werden.

Alle zur Prüfung herangezogenen oder erstellten Texte sind dieser Arbeit als Materialanhang beigefügt und mit der Abkürzung *MAT* nummeriert.

Insgesamt sollen folgende nach Kategorien sortierte Kriterien überprüft werden:

1.) Erkennung von „*Copy & Paste*"-Plagiaten

Es wird vorausgesetzt, dass die entsprechenden Tools einfache Kopien aus möglichst unterschiedlichen Texten erkennen und kennzeichnen können. Je größer der kopierte Textbaustein ist, desto deutlicher soll eine Aussage darüber getroffen werden, in welchem Umfang (und idealerweise von welcher Quelle) eine Kopie vorliegt. Die Art den Ursprung des kopierten Texts aufzuzeigen, sowie die dazugehörige Erörterung, gilt es als Qualitätsmerkmal zu evaluieren. Der Test soll aufzeigen, wie hilfreich ein Tool beim Einordnen von Referenzen ist, um darauf aufbauend eine Unterscheidung zwischen Zitat und Plagiat treffen zu können.

Bereits im Jahr 2015 wurden dazu u.a. das Goethe-Gedicht vom Erlkönig, sowie ein Wikipediaartikel zur Überprüfung herangezogen. Diese Tests sollen hier ergänzt werden.

Der Test im Überblick:

1. Überprüfung des Gedichts „Der Erlkönig" in Fließtext auf seinen Ursprung (MAT1)
2. Überprüfung des Wikipediaartikels über Geistiges Eigentum [33] als PDF
3. Überprüfung einer (zum Zeitpunkt des Tests noch unveröffentlichten) Rezension über ein Konzert klassischer Musik, die einen kopierten Absatz aus einer öffentlich lesbaren Rezension von „klassik-begeistert.de" enthält (MAT2)
4. Überprüfung des Vorwortes dieser Arbeit als Word-Dokument auf Plagiate

2.) Erkennung von *„Shake & Paste"*-Plagiaten

Zum Bestehen des zweiten Tests wird vorausgesetzt, dass die entsprechenden Tools fähig sind, zusammenkopierte Texte zu erfassen und auf den Ursprung der jeweiligen kopierten Textbausteine hin zu untersuchen. Im Gegensatz zum ersten Test genügt es nicht, dass eine Kopie erkannt wird, sondern es wird davon ausgegangen, dass mehrere Kopien unterschiedlicher Quellen in demselben Dokument identifiziert und mit entsprechendem Ursprung dargelegt werden können. Dazu sollen Texte herangezogen werden, die mindestens 2 Textbausteine unterschiedlichen Ursprungs enthalten.

Der Test im Überblick:

1. Überprüfung des Wikipediaartikels über Schostakowitschs 4. Symphonie [34] auf dessen Ursprung sowie den Ursprung für die dort aufgeführte Zitate aus der „Leningrader Prawda, 28. Dezember 1934" [35] und „Schostakowitsch Memoiren" von Solomon Volkow [36]
2. Ein aus 2 unterschiedlichen Quellen [37][38] zusammengestelltes Plagiat über die Auswirkungen des Corona Virus in Frankreich (MAT3)

3.) Erkennung von *„Übersetzungs"*-Plagiaten

Das Identifizieren und Analysieren von Texten auf ihren Ursprung in einer anderen Sprache stellen eine noch hohe Herausforderung dar. Zum Bestehen dieses Tests muss eine Software in der Lage sein, einen Text in andere Sprachen zu übersetzen und auf die Semantik zu vergleichen. Eine Auflistung der Quelle(n) sowie Erörterung der Übereinstimmung ist wünschenswert. Idealerweise soll ein Sprachplagiat unabhängig davon, ob es maschinell (z.B. durch Google Translator) oder manuell angefertigt wurde, erkannt werden.

Der Test im Überblick:

1. Überprüfung eines mit Google Translator angefertigten Sprachplagiats über Fragen und Kontroversen des Periodensystems der Elemente (MAT4 Original auf Wikipedia.en [39])

2. Überprüfung der manuellen Übersetzung (nach mehreren Quellen [40][41][42][43]) vom „Lied von der Erde" in russischer sowie englischer Sprache auf dessen Herkunft (eine komplette Gegenüberstellung aller Fassungen befindet sich als MAT5 im Materialanhang)

4.) Nutzerfreundlichkeit

Zur Garantie der Nutzerfreundlichkeit muss sichergestellt sein, dass die unterschiedlichen Tools in unterschiedlichen Umgebungen funktionieren. Dazu zählt auch der Einfluss von potenziell funktionseinschränkenden Tools, wie Ad-Block. Um dies zu untersuchen, wurden mit Google Chrome, Firefox und Opera drei unterschiedliche, gängige Internetbrowser für die Tests verwendet. Die Hälfte aller Tests pro Gruppe und Tool wurde mit aktivem Ad-Block durchgeführt.

Auch das Erscheinungsbild sowie der Funktionsumfang der einzelnen Tools sind zu berücksichtigen. Deshalb spielt generell bei allen Tests die Handhabung der Tools sowie die Aufbereitung und Darstellung der Ergebnisse eine weitere entscheidende Rolle.

Zur Überprüfung der Qualität der Tests 1 und 2 werden die Resultate der einzelnen Tests ferner nicht nur untereinander, sondern auch mit der Suchmaschine Google abgeglichen. Hierdurch sollen Aussagen darüber getroffen werden können, ob die Quellen von Kopien gefunden wurden, ob die Suchergebnisse auf korrekte Quellen verweisen oder falsch positive Ergebnisse geliefert werden. Daraus soll die Gesamtgenauigkeit ermittelt werden.

3.3) Anwendung in der Praxis

Bereits in der Handhabung lassen sich Unterschiede feststellen. Die meisten Freeware-Tools (*DupliChecker, Grammarly, Prepostseo, Plagiarisma*) stellen ein direktes Interface über einen Internetbrowser zur Verfügung und sind somit von Anfang an einschränkungsfrei nutzbar. Ferner werden *Prepostseo* und *Plagiarisma* bei Verwendung eines Ad-Blockers eingeschränkt und verlieren dadurch an Funktionalität. *Prepostseo* bietet zur Lösung dieses Problems die Möglichkeit einer Registrierung und eines kostenpflichtigen Accountupgrades an. Auch bei *Plagiarisma* ist eine Registrierung möglich, hier war jedoch kein Funktionsunterschied zur Freeware-Version feststellbar. Verwunderlich ist, dass der Adblock-Effekt nicht bei *DupliChecker* auftritt, da insbesondere für die Konkurrenzprodukte von *Grammarly* auf der Seite aggressiv geworben wird. *Grammarly* ist auch die einzige ursprünglich als kostenlos beworbene Plagiatssuchmaschine, die nach einer Anmeldung über das Benutzerkonto nur noch gegen Bezahlung abrufbar ist, dafür aber neue kostenlose Funktionen wie eine grammatikalische Überprüfung von Texten anbietet.

Im Gegensatz zur Freeware setzen alle anderen Tools eine Registrierung zwingend voraus. Ins Auge sticht besonders das Vorgehen von *PlagScan* (u.a. verwendet von der Universität Innsbruck [44]), das zwar als Freeware beworben wird, seinen Service jedoch nur gegen sogenannte *PlagPoints* zur Verfügung stellt, die käuflich erworben werden müssen. Bei der Registrierung werden 20 dieser *PlagPoints* (entsprechend einem Umfang von 2000 Wörtern) kostenlos vergeben.

Im Gegensatz zu der einfachen Handhabung der Freeware-Tools bieten die registrierungspflichtigen Tools in der Regel einen erweiterten Funktionsumfang. So stellen u.a. *Urkund* (welches auch von der Uni Duisburg-Essen [45] verwendet wird) und *PlagAware* die Option zur Verfügung, Dokumente in einem Online-Speicher zu hinterlegen. *PlagScan* (Grafik 1) geht sogar noch einen Schritt weiter und bietet als einziges Tool im Test die Option, Webquellen mit eigens online abgespeicherten Dokumenten abzugleichen, ohne diese generell online zur Verfügung zu stellen. Auch bieten unterschiedliche Einstellungen bei den Suchparametern eine genauere Personalisierung im Hinblick auf individuelle Nutzerbedürfnisse an. Hinzu kommt ein modern gestaltetes Menü, das beispielsweise im Gegensatz zu *PlagAware* eine bessere Übersichtlichkeit und damit Nutzerfreundlichkeit bietet (siehe Grafik 1 & 2).

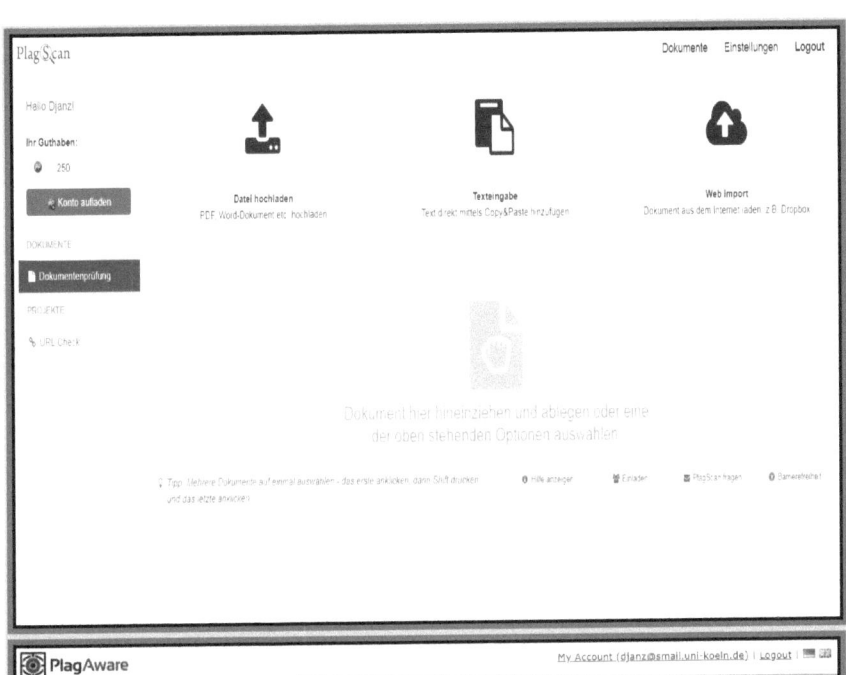

(- Grafik 1 & 2: Oben: Benutzeroberfläche von PlagScan. Unten: Benutzeroberfläche von PlagAware.)

Im Hinblick auf die Übersichtlichkeit fällt auch *Grammarly* durch ein überfrachtetes Menü ohne Nutzerführung, Tooltipps oder Erklärungen negativ auf (siehe Grafik 3).

(- Grafik 3: Benutzeroberfläche von Grammarly.)

Die meisten Tools bieten über das Menü oder Voreinstellungen ihre Benutzerober-flächen in unterschiedlichen Sprachen an. Einzig *Plagiarisma* bot keine solche Option. Auch *Grammarly* bietet seinen Service nur in (vier verschiedenen Variationen von) Englisch an. Alle Tools zeigen grundsätzlich in der Lage, Texte unterschiedlicher Quellen einzulesen und zu verarbeiten. Keines der Tools setzt eine Installation von Software auf der Festplatte voraus, wobei *Grammarly* und *Plagiarisma* dies anbieten.

Eine Übersicht über die unterschiedlichen Erfassungsprozeduren liefert Tabelle 2 auf der folgenden Seite.

	Tool	Anmeldung	Interface	Text-eingabe	Scan von URL	Einlesen von Dokumenten	Online-speicher	Fremd-sprachen-support[1]	Personalisier-bare Nutzer-oberfläche[2]
Kostenpflichtig	PlagAware	zwingend	befriedigend	ja	ja	nach Anmeldung	ja	Deutsch/ Englisch	nein
	Strike Plagiarism	zwingend	gut	nein	nein	nach Anmeldung	ja	ja	eingeschränkt
Bedingt kostenlos	PlagScan	zwingend	gut	ja	ja	nach Anmeldung	ja	Ja (über Profil)	ja
	Urkund	zwingend	ausreichend	nein	nein	nach Anmeldung	ja	Ja (über Profil)	nein
Freeware	Duplichecker	nicht vorhanden	ausreichend	ja	ja	uneingeschränkt	nein	ja	nein
	Grammarly	optional	ausreichend	ja	nein	uneingeschränkt	nein	nur Englisch	nach Anmeldung
	Plagiarisma	optional (unnütz)	mangelhaft	ja	ja	uneingeschränkt	nein	nein	nein
	Prepostseo	optional (unnütz)	mangelhaft	ja	nein	uneingeschränkt	nein	Ja (ohne AdBlock)	nein

(- Tabelle 2: Übersicht der Funktionseigenschaften. In die Bewertung der Interfaces flossen vor allem die Übersichtlichkeit und der Funktionsumfang ein. So erzielte PlagAware aufgrund des unsortiert erscheinenden Interfaces nur ein Befriedigend, obwohl der Funktionsumfang mit StrikePlagiarism oder PlagScan vergleichbar ist (siehe auch Grafik 1 & 2). Plagiarisma und Prepostseo erhielten jeweils Mangelhaft, da selbst mit Anmeldung keine Funktionserweiterung feststellbar war. Beide Tools reagierten ebenfalls mit Problemen auf Ad-Block.

[1] Fremdsprachensupport bezieht sich auf die Einstellungen der Benutzeroberfläche und nicht auf das Erkennungsvermögen unterschiedlicher Sprachen in Texten.

[2] Unter Personalisierung der Nutzeroberfläche wurde evaluiert, ob und inwiefern sich Einstellungen und Menüs sowie Layout durch den Nutzer selbst festlegen lassen.)

Einen weiteren wichtigen Faktor stellt der Support durch Tooltipps oder reale Berater dar. Hier fielen *PlagScan* und *StrikePlagiarism* durch einen regen und individuellen Nutzersupport per E-Mail auf. Aussagekräftige Tooltipps bot indes keines der Tools. Negativ stach erneut *Grammarly* hervor, weil es während der Testphase laufend undefinierte Fehlermeldungen abgab (Grafik 4). Diese konnten in keinen Bezug zur Nutzeroberfläche gestellt werden, auch das Aktivieren oder Deaktivieren von Ad-Block wirkte sich nicht darauf aus. *Grammarly* verschickte auch als einziger Anbieter täglich Werbemails.

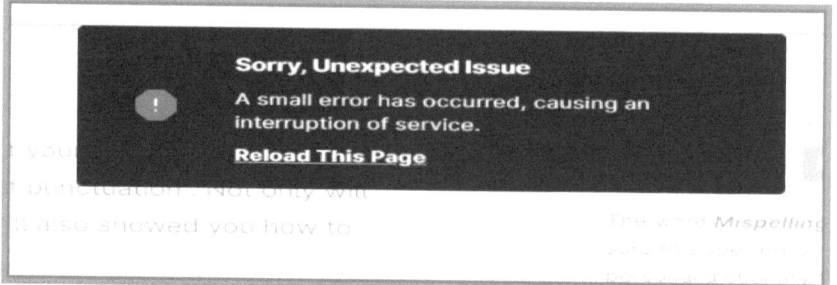

(- Grafik 4: undefinierte Fehlermeldung bei der Nutzung von Grammarly nach Anmeldung.)

4.) Ergebnisse und Diskussion

4.1) Zuverlässigkeit textplagiatserkennender Systeme

Der Evaluierung der Handhabungsfreundlichkeit stehen die praktischen Tests und mit Ihnen die Ermittlung der Programmzuverlässigkeit gegenüber. Die zuvor vorgestellte Gruppierung der Tests nach unterschiedlichen Kriterien bzw. Plagiatsarten konnte beibehalten werden.

Alle Tools unterliefen hier dieselben Prüfverfahren, sofern sie es zuließen. Die Ergebnisse wiesen jedoch teilweise gravierende Unterschiede auf.

Testgruppe 1: Erkennung von „*Copy & Paste*"-Plagiaten

Schon im ersten Test offenbarten sich Probleme. Bei *Urkund* können Dokumente offenbar nur noch über Institutionen, aber nicht mehr über den Anbieter geprüft werden. *Grammarly* stellt entgegen Webseiteninformationen und Eigenwerbung Ergebnisse nur entgeltlich zur Verfügung und ist deshalb nicht evaluierbar. *Plagiarisma* erlaubt Einblick in die Ergebnisse nur nach Login, blockierte diesen aber während der Tests. Diese Umstände führten zum Ausschluss aller drei Tools.

Dieser Test ergab auch, dass neben *Urkund* das Tool *StrikePlagiarism* nicht in der Lage ist, einen Fließtext einzulesen und zu überprüfen. Zur weiteren Evaluierung wurden deshalb nur noch Word-docs und PDF-Dokumente mit diesem Tool verwendet.

Die anderen Systeme ermöglichten grundsätzlich ein Einlesen und Analysieren von Texten unterschiedlicher Quellen oder Dateitypen. Jedes Tool gab kopierte Anteile im Bezug zum eingelesenen Text in Prozent an. Nahezu alle Tools fanden bloße Kopien in unterschiedlichem Umfang. Eine Ausnahme stellt *PlagAware* dar. Neben *Plagiarisma* ist es nicht nur das einzige Tool, das für seine Suche einen ungewöhnlich (teils Stunden) langen Zeitaufwand benötigt. Es ist auch das einzige Tool, das einen offensichtlich kopierten und öffentlich zugänglichen Text (Gedicht vom Erlkönig) mit 0 % Fremdanteil als nicht kopiert bewertete. Weiterhin fällt auf, dass *Prepostseo* sowie auch *StrikePlagiarism* in Überprüfung des frei verfassten Vorworts dieser Arbeit (Test 4) falsch positive Ähnlichkeiten angaben. *DupliChecker* gab für Test 3 und 4 nur falsch positive Ergebnisse an. Ein Bezug zum Text konnte in keinem der falsch positiven Fälle hergestellt werden. *DupliChecker* konnte ferner in Test 3 den korrekten Ursprung des echten Plagiats nicht finden (nähere Details Tabelle 3).

	Tool	Test 1: Gedicht vom Erlkönig (Fließtext)	Test 2: Wikipediaartikel "Geistiges Eigentum" (PDF)	Test 3: Konzertrezension mit Plagiat	Test 4: Vorwort dieser Arbeit (doc)
Kosten-pflichtig	PlagAware	0 % Plagiat	99 % Plagiat	Plagiat gefunden (14 % - richtige Quelle gefunden)	0 % Plagiat
	StrikePlagiarism	keine Fließtextsuche	98,63 % Ähnlichkeit	0 %, kein Plagiat gefunden	4,47 % Ähnlichkeit
Bedingt kostenlos	PlagScan	26 Ergebnisse, 52,6% Plagiat	42 Ergebnisse, 90,0 % Plagiat	Plagiat gefunden (13,9 % - richtige Quelle gefunden)	0 Ergebnisse, 0% Plagiat
	Urkund	keine Fließtextsuche	Test abgebrochen	Test abgebrochen	Test abgebrochen
Freeware	Duplichecker	4 Ergebnisse, 100% Plagiat	3 Ergebnisse, 38 % Plagiat (begrenzt auf 1000 Worte)	Falsche Quellen gefunden (100 % Plagiat angegeben)	3 Ergebnisse, 23 % Plagiat
	Grammarly	Test abgebrochen	Test abgebrochen	Test abgebrochen	Test abgebrochen
	Plagiarisma	100 % Plagiat	Test abgebrochen	Test abgebrochen	Test abgebrochen
	Prepostseo	4 Ergebnisse, 100% Plagiat	5 Ergebnisse, 82 % Plagiat (begrenzt auf 1000 Worte)	Plagiat gefunden (20 % - richtige Quelle gefunden)	2 Ergebnisse, 9 % Plagiat
Vergleich mit Google (Fließtextsuche)		38.100 Ergebnisse	1.100 Ergebnisse	38.100 Ergebnisse	4.600 Ergebnisse

(- Tabelle 3: Ergebnisse der Tests aus Gruppe 1 für „Copy & Paste"-Plagiate. Die Prozentzahlen geben jeweils an, wie viel ein jeweiliges Tool anteilig in einem Text als Plagiat markiert hat. Bei zahlreichen Suchergebnissen für echte Plagiate [Erlkönig, Rezension] in Google wurde auch eine größere Anzahl Treffer bzw. eine höhere Genauigkeit der Übereinstimmung bei den Plagiatserkennungs-Tools erwartet.)

Testgruppe 2: Erkennung von „*Shake & Paste*"-Plagiaten

Die Hauptanforderung bei der Erkennung von „Shake & Paste"-Plagiaten bestand darin, aus einem vorgegebenen Text kopierte Blöcke unterschiedlicher Quellen zu identifizieren. Die gegenüber Testgruppe 1 gestiegenen Testanforderungen konnten bei allen verbliebenen Tools nur mit geringer Aussagekraft erfüllt werden. Testsegment 1 offenbarte zwar, dass (bis auf *Prepostseo*) alle Tools auf einen Wikipediaartikel zurückgreifen konnten. Die Genauigkeit hing aber davon ab, ob die Tools die (zum Zeitpunkt der Testung) ungesichtet überarbeitete Version oder die öffentliche (am 26. Mai 2019 gesichtete) Version miteinbezogen. *PlagScan*

19

berücksichtigte als einziges die unveröffentlichte Version und erzielte folglich ein besseres Suchergebnis.

Auffällig war, dass sowohl *PlagScan*, als auch *PlagAware* eine Einordnung von Zitaten innerhalb des Textes und somit eine Interpretation, was Plagiat und was Zitat sein soll, vornahmen. Diese Einordnung war jedoch ungenau (bei *PlagScan* sogar einmal falsch). Relevante Quellen (auch die in dem Artikel verwendeten Zitate) wurden nicht erkannt.

Bei Testsegment 2, einem aus zwei öffentlich zugänglichen Texten zusammengestellten Textplagiat, schnitten alle Tools durchschnittlich besser ab (siehe Tabelle 4, nächste Seite). *PlagScan* erkannte hier als einziges Tool alle Plagiate und deren Quellen korrekt.

| | Tool | Testsegment 1: Wikipediaartikel „Schostakowitsch 4. Sinfonie" | | | Testsegment 2: Corona in Frankreich | |
		Wikipediaartikel Fließtext oder Word-Doc	Zitat aus der Leningrader Prawda (28.12.1934)	Zitat aus „Die Memoiren des Schostakowitsch"	Quelle 1: focus.de	Quelle 2: rnd.de
Kosten pflichtig	PlagAware	Erkannt (67 % Plagiat)	Nicht erkannt	Andere Quelle erkannt	Andere Quelle erkannt	Andere Quelle erkannt
	Strike-Plagiarism	Erkannt (67,24% Plagiat)	Nicht erkannt	Nicht erkannt	Nicht erkannt	Erkannt (74,37% Plagiat)
bedingt kostenlos	PlagScan	Erkannt (72,7 % Plagiat)	Als Zitat markiert	Nicht erkannt	Erkannt (28,2 % Plagiat)	Erkannt (63,2 % Plagiat)
Freeware	Duplichecker	Erkannt (51 % Plagiat)	Nicht erkannt	Nicht erkannt	Nicht erkannt	Erkannt (70 % Plagiat)
	Prepostseo	Nicht erkannt (19 % Plagiat)	Nicht erkannt	Nicht erkannt	Nicht erkannt	Erkannt (72 % Plagiat)

(- Tabelle 4: Ergebnisse der Tests aus Gruppe 2 für „Shake & Paste"-Plagiate.)

Testgruppe 3: Erkennung von „*Übersetzungs*"-Plagiaten

Den Test für Übersetzungsplagiate bestand kein Tool. Zwar gelang es *PlagAware* und *Prepostseo* Übereinstimmungen zu finden. Diese bezogen sich jedoch auf zufällige Internetquellen und nicht auf den Originaltext.

Am deutlichsten fiel dieses Ergebnis beim zweiten Test aus, wo unterschiedliche Übersetzungen ein und desselben Textes gegeben waren. Hier waren beispielsweise *PlagAware*, aber auch *DupliChecker* nur eingeschränkt fähig, den Zeichensatz der russischen Sprache zu verarbeiten. Alle Tools fanden zwar (mit Ausnahme von *Prepostseo*) die im Internet zugänglichen Übersetzungen. Keinem der Tools gelang es jedoch, einen Bezug zum deutschen Original-Text herzustellen (siehe Tabelle 5). Wären die Übersetzungen nicht online zugängig, müsste davon ausgegangen werden, dass diese nicht als Plagiat erkannt würden. Das bestätigen auch die Ergebnisse aus Test 1, in dem kein Tool ein Plagiat erkannte.

	Tool	Test 1: Google-Translator Übersetzung zum Periodensystem	Test 2: Lied von der Erde		
			deutsch	englisch	russisch
Kosten-pflichtig	PlagAware	1 Quelle, 24 % Plagiat	99 % Plagiat	96 % Plagiat	Fehler
	Strike-Plagiarism	0 Ergebnisse	95,84% Plagiat	97,94% Plagiat	61,31% Plagiat
bedingt kostenlos	PlagScan	0 Ergebnisse	33 Ergebnisse, 69,6 % Plagiat	18 Ergebnisse, 91,1% Plagiat	7 Ergebnisse, 55,1 % Plagiat
Freeware	Duplichecker	2 Ergebnisse, 6% Plagiat	2 Ergebnisse, 100% Plagiat	3 Ergebnisse, 83 % Plagiat	2 Ergebnisse, 2 % Plagiat
	Prepostseo	1 Ergebnis, 2 % Plagiat	20 Ergebnisse, 56 % Plagiat	6 Ergebnisse, 35 % Plagiat	1 Ergebnis, 17 % Plagiat

(- Tabelle 5: Ergebnisse der Tests aus Gruppe 3 für „Übersetzungs"-Plagiate.)

Testgruppe 4: Weiteres

Die Handhabung aller geprüften Tools lässt sich als grundsätzlich solide beschreiben. Alle Tools ließen es zu, Berichte als html- oder PDF-Dokument zu speichern. Generell gab es bei der Dokumentation von Prüfberichten lediglich Unterschiede in der Aufbereitung. Allen Tools lässt sich eine nachvollziehbare Darstellung attestieren, wobei diese bei einigen grafischer gestaltet ist, als bei anderen (siehe Grafiken 5 & 6).

Fehlermeldungen oder unerwartetes Verhalten ließen sich bei *Grammarly* und *Plagiarisma* beobachten. So erwies sich die Annahme, die Tools wären unterschiedlichen Programmier-

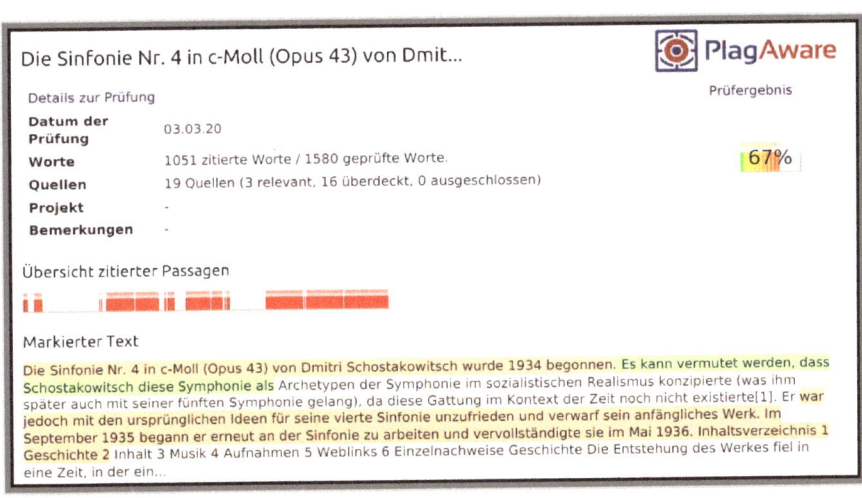

(- Grafik 5: Prüfbericht von PlagAware zu Testgruppe2 (Shake & Paste), Testgruppe 1, Wikipediaartikel zu „Schostakowitschs 4. Sinfonie")

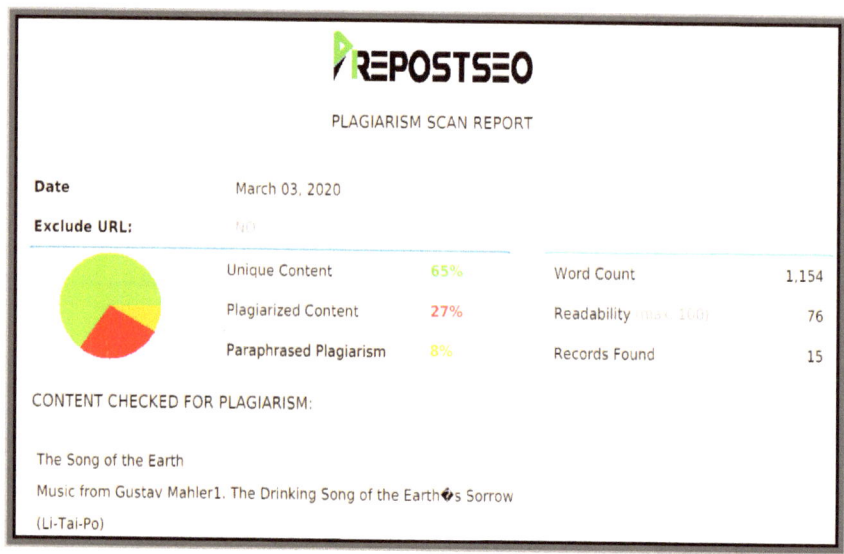

(- Grafik 6: Prüfbericht von Prepostseo zu Testgruppe 3 (Sprachplagiate), aus Test 2, „Lied von der Erde")

und Browserumgebungen gewachsen, nur als teilweise zutreffend. *Plagiarisma* offenbarte sich hier als problematisch; das Tool fror nach der ersten Prüfung in Opera ein. Als daraufhin versucht wurde, über Firefox und Chrome einzuloggen, wurde dies mit einer Warnmeldung blockiert, dass der Account bereits eingeloggt wäre. Dieselbe Fehlermeldung trat auch noch Tage später auf. Ab diesem Zeitpunkt war es auch nicht mehr möglich, Berichte über Plagiatsprüfungen zu generieren, weitere Tests blockierte das Tool, sodass es nachträglich ausgeschlossen werden musste.

4.2) Was leisteten die Systeme? Wie wirksam sind die unterschiedlichen Tools?

Die Ergebnisse der Tests erlauben eine grobe Einteilung der geprüften Tools in drei Gruppen, wobei eine Orientierung an den Testergebnissen der HTW Berlin aus dem Jahr 2013 erfolgt. Diese nahm eine Einteilung in die Kategorien: „Teilweise nützlich", „begrenzt nützlich" und „für akademische Zwecke ungeeignet" vor. Dieser Einordnung folgend werden auch die Ergebnisse dieser Studie in die Kategorien „bedingt nützlich", „wenig nützlich" und „vollständig nutzlos" bzw. „nicht einsatzbereit" sortiert.

In letzte Gruppe sind *Urkund, Grammarly* und *Plagiarisma* einzuordnen. Neben den bereits ausgeführten Mängeln fiel insbesondere *Grammarly* bis zur Evaluierung der eigentlichen Plagiatsprüfung negativ auf. Die ungenügende Nutzerfreundlichkeit, eine fehlerhafte und unübersichtliche Programmdokumentation, fehlender Support, aggressive und übergriffige Werbung, sowie das nicht eingehaltene Versprechen eines Freeware-Tools sind ursächlich dafür, dieses Tool als untauglich zu bewerten. Selbst unter den nicht einsatzfähigen Tools stellt es damit das unter praktischen Gesichtspunkten schlechteste Angebot zur Plagiatsprüfung dar. Andere Komponenten wurden nicht bewertet.

In die Gruppe der wenig nützlichen Tools sind *PlagAware* und *Prepostseo* einzusortieren. Die Genauigkeit beider Tools war selbst im Vergleich zu den anderen Tools, von denen keines durchweg gute Ergebnisse erzielte, auffällig gering. *PlagAware* lieferte im Vergleich besonders oft Quellen ohne Bezug zum eigentlichen Plagiat. Es war auch das einzige Tool, dem ein offensichtliches und öffentlich nachvollziehbares Plagiat komplett unerkannt blieb. *Prepostseo* offenbarte eine vergleichsweise geringe Erkennungsgenauigkeit von plagiierten Textpassagen.

Als bedingt nützlich erwiesen sich in diesem Test *PlagScan, StrikePlagiarism* und *DupliChecker*. Diese drei Systeme erhielten eine vergleichbare Wertung, wie auch schon bei dem Softwaretest der HTW Berlin im Jahr 2013 [46]. Bis auf *DupliChecker* gaben diese Tools (bei unterschiedlicher Suchgenauigkeit) im Fall eines Funds korrekte Plagiate an und fanden auch zutreffende Quellen der entsprechend Textpassagen. *PlagScan* markierte darüber hinaus als einziges Tool im Test ein korrekt aufgeführtes Zitat als solches. Nutzerfreundlichkeit und persönlicher Support waren bei diesem Tool ebenfalls besser, als bei den anderen. Deshalb konnte es in dem hier vorgestellten Testverfahren auch knapp vor *StrikePlagiarism* als Testsieger hervorgehen.

Bedingt nützlich	Wenig nützlich	Nutzlos oder nicht einsatzbereit
- PlagScan - StrikePlagiarism - DupliChecker	- PlagAware - Prepostseo	- Urkund - Plagiarisma - Grammarly

(- Grafik 6: Abschließende Bewertung aller Tools nach Abschluss aller Test.)

5.) Fazit und Ausblick

„Die Anforderungen, die an Plagiatserkennungssoftware gestellt werden und das heutzutage technisch Mögliche liegen noch weit auseinander" [47] – dieses bereits 2015 getroffene Fazit ist (mit geringen Einschränkungen) auf die hier vorgestellten Tools heute noch anwendbar. Im Test zeigten sie sich kaum in der Lage, den gestellten Anforderungen zu entsprechen. Die besten Ergebnisse konnten insgesamt *PlagScan* und von den Freeware-Tools *DupliChecker* erbringen. Ansätze wie von *Grammarly* und *DupliChecker* zeigen darüber hinaus, dass eine linguistische Analyse von Texten inzwischen möglich und auch kommerzialisiert wird. Auch der Versuch der Trennung zwischen *Zitat* und *Plagiat,* wie ihn *PlagScan* und *PlagAware* – wenn auch ausbaufähig – unternehmen, stellt eine wünschenswerte Entwicklung dar, die jedoch aufgrund der noch geringen Genauigkeit solcher Erkennungsmechanismen mit Vorsicht zu genießen ist. Alle Tools erkennen grundsätzlich nur identische Textstellen, aber – im Gegensatz zu den Herstellerangaben – keine Plagiate. Und diese Kernkompetenz aller getesteten Plagiatserkennungs-Tools geht kaum über ein ausreichendes Maß hinaus, wenn nicht einmal frei zugängliche Internetquellen in die Überprüfung miteinbezogen werden können.

Es ist damit deutlich, dass sich die ausbaufähigen Ergebnisse der HTW Berlin aus dem Jahr 2013, wo einige Tools ihr Ranking nur durch noch größere Mängel der Konkurrenz verbessern konnten (*Turnitin*), auch in dieser – immerhin fast sieben Jahre späteren – Studie wiederholt haben. Keinem Tool kann eine tadellos zuverlässige Arbeitsweise attestiert werden, eine Reihe von Tools (*Grammarly, Plagiarisma*) erwiesen sich als regelrecht nutzlos oder unter diesen Bedingungen nicht einsatzbereit (*Urkund*). Und auch marktführende Anbieter weisen noch große Probleme bei Texten auf, die bloße Kopien aus dem Internet darstellen, geringfügige Veränderungen werden teilweise gar nicht erkannt. In Bezug auf Sprachplagiate versagten alle getesteten Systeme.

Auch boten einige Systeme, wie schon 2015, immer noch falsch positive Referenzen zu vermuteten Plagiaten an, was im Zweifelsfall gravierende Konsequenzen nach sich ziehen kann, anstatt eine Hilfe darzustellen.

Abschließend lässt sich deshalb festhalten, dass Plagiatserkennungssoftware in manchen Fällen zwar hilfreich bei der Suche nach Plagiaten sein kann, was sehr stark von den

Suchparametern, der zu überprüfenden Textart, den Anbindungen an die Suchdatenbanken und die Einbindung von Online-Ressourcen abhängt. Einen menschlichen Korrekteur ergänzen oder gar ersetzen kann sie aber auf keinen Fall.

6.) Materialanhang

Direktlinks zu allen verwendeten Plagiatssoftware-Tools:

- StrikePlagiarism (https://strikeplagiarism.com/en/)
- PlagAware (https://www.plagaware.com/de)
- PlagScan (kostenlose Anmeldung, Tests nur gegen Bezahlung) https://www.plagscan.com/plagiat-check/ (mentorium https://www.mentorium.de/plagiatspruefung/?gclid=EAIaIQobChMIwJbfhd7W5wIVQrDtCh36eQI2EAAYAiAAEgLnTPD_BwE)
- Urkund (kostenlose Anmeldung) (https://www.urkund.com)
- Duplichecker (Freeware) (https://www.duplichecker.com)
- Grammarly (Freeware) https://www.grammarly.com/plagiarism-checker?utm_source=bing&matchtype=b&utm_campaign=search2plag&msclkid=c758ac349b08135453a3f278eaee3494&utm_medium=cpc&utm_term=online+plagiarism+checker+free
- Repostseo (Freeware) https://www.prepostseo.com/de/plagiarism-checker
- Plagiarisma (Freeware) http://plagiarisma.net/de/

7.) Literaturverzeichnis

[1] https://de.wikipedia.org/wiki/Plagiat (Zuletzt aufgerufen 25.9.2019)

[2] https://de.wikipedia.org/wiki/Digitales_W%C3%B6rterbuch_der_deutschen_Sprache
(Zuletzt aufgerufen 25.9.2019)

[3] http://web.de/magazine/unterhaltung/musik/geklaut-unverschaemtesten-musik-plagiate-30504234 (Zuletzt aufgerufen 9.10.2019)

[4] Gesetz über den Schutz von Marken und sonstigen Kennzeichen,
https://www.gesetze-im-internet.de/markeng/index.html (Zuletzt aufgerufen 25.9.2019)

[5] Gesetz über Urheberrecht und verwandte Schutzrechte, https://www.gesetze-im-internet.de/urhg/index.html (Zuletzt aufgerufen 25.9.2019)

[6] http://www.sueddeutsche.de/politik/urheberrechte-in-china-im-schattenreich-der-mitte-1.880627 (Zuletzt aufgerufen 10.10.2019)

[7] https://irights.info/artikel/kopieren-faelschen-optimieren-shanzhai-kultur-in-china/26626
(Zuletzt aufgerufen 20.10.2019)

[8] Daniel Janz: Hausarbeit zum Modul Computerlinguistik zum Thema Plagiatserkennung, unter Dr. Jürgen Hermes, 2015, Universität zu Köln, Seite 3

[9] Plagiate: Verhindern geht vor! Projekt Plagiatsprävention – Folge 1, in Bericht in Bibliothek Aktuell 98/2014, Seite 16/17, Universität Konstanz, https://ojs.ub.uni-konstanz.de/ba/article/view/5872/5362 (Zuletzt aufgerufen 13.1.2020)

[10] Geistiges Eigentum https://de.wikipedia.org/wiki/Geistiges_Eigentum (Stand 2.3.2020)

[11] Alexander Peukert: Geistiges Eigentum (allgemein), in: Jürgen Basedow, Klaus J. Hopt, Reinhard Zimmermann: Handwörterbuch des Europäischen Privatrechts, Band I, 2009, S. 648–652 (siehe https://www.jura.uni-frankfurt.de/43641303/Peukert_geistiges_eigentum__allgemein_.pdf - Zuletzt aufgerufen 13.1.2020)

[12] Grundgesetz für die Bundesrepublik Deutschland, Artikel 14 (https://www.gesetze-im-internet.de/gg/art_14.html - Zuletzt aufgerufen 13.1.2020)

[13] Ansgar Schäfer: Was kann Plagiatserkennungs-Software? Projekt Plagiatsprävention – Folge 2, in Bericht in Bibliothek Aktuell 99/15.5.2015, Seite 19/20, Universität Konstanz, https://ojs.ub.uni-konstanz.de/ba/article/view/6168/5636 (Zuletzt aufgerufen 13.1.2020)

[14] IFM-GEOMAR-Bibliothek, Plagiat, Leibniz, Institut für Meereswissenschaften an der Universität Kiel, FSR 3, Oktober 2010, Seite 4

[15] Vergleiche: Michael Tschuggnall: Automatisierte Plagiatserkennung in Textdokumenten: Was der Schreibstil eines Autors über die Echtheit verrät. In: Sandra Mauler, Heike Ortner,

Ulrike Pfeiffenberger (Hg.): *Medien und Glaubwürdigkeit. Interdisziplinäre Perspektiven auf neue Herausforderungen im medialen Diskurs.* Innsbruck University 2017, S. 131

[16] Michael Tschuggnall: Automatisierte Plagiatserkennung in Textdokumenten, Seite 131 ff

[17] Ansgar Schäfer: Was kann Plagiatserkennungs-Software? Projekt Plagiatsprävention – Folge 2, Seite 19

[18] Wie 17

[19] Daniel Janz: Hausarbeit zum Modul Computerlinguistik zum Thema Plagiatserkennung, Seite 4

[20] https://plagiat.htw-berlin.de/ff-alt/03schule/wie.html (Zuletzt aufgerufen 18.2.2020)

[21] https://druck-deine-diplomarbeit.de/blog/plagiat-vermeiden/ (Zuletzt aufgerufen 18.2.2020)

[22] Daniel Janz: Hausarbeit zum Modul Computerlinguistik zum Thema Plagiatserkennung, Seite 5

[23] Wie 17

[24] Vergleiche: Michael Tschuggnall: Automatisierte Plagiatserkennung in Textdokumenten, Seite 132

[25] Wie 24

[26] Michael Tschuggnall: Automatisierte Plagiatserkennung in Textdokumenten, Seite 131

[27] Wie 24

[28] Siehe https://plagiat.htw-berlin.de/software/ (Zuletzt aufgerufen 18.2.2020)

[29] https://www.copyscape.com/about.php (Zuletzt aufgerufen 18.2.2020)

[30] https://www.ephorus.com (Zuletzt aufgerufen 18.2.2020)

[31] https://www.wiso.uni-hamburg.de/bibliothek/ueber-die-bibliothek/neues-aus-der-bibliothek/nachricht17-001-recherchetipp20.html (Zuletzt aufgerufen 18.2.2020)

[32] https://kim.uni-hohenheim.de/103596 (Zuletzt aufgerufen 18.2.2020)

[33] Geistiges Eigentum https://de.wikipedia.org/wiki/Geistiges_Eigentum (Zuletzt aufgerufen 2.3.2020)

[34] https://de.wikipedia.org/wiki/4._Sinfonie_(Schostakowitsch) (Zuletzt aufgerufen 5.3.2020)

[35] Zitat nach Hans Joachim Hinrichsen & Laurenz Lütteken (Hg):: *Zwischen Bekenntnis und Verweigerung: Schostakowitsch und die Sinfonie im 20. Jahrhundert*, Schweizer Beiträge zur Musikforschung 3, BVK 1830. Bärenreiter-Verlag, ISBN 978-3-7618-1830-5, Seite 64/65.

[36] Dmitri Schostakowitsch: *Die Memoiren des Dmitri Schostakowitsch*. Hrsg.: Solomon Wolkow. 1. Auflage. List, München 2003, ISBN 3-548-60335-1.

[37] https://www.rnd.de/politik/coronavirus-in-frankreich-130-infizierte-louvre-geschlossen-VJ5ZQDVKJ5DPVIMRBM27FQYUXU.html (Zuletzt aufgerufen 2.3.2020)

[38] https://www.focus.de/gesundheit/news/coronavirus-ausbruch-im-news-ticker-fall-in-amazon-hauptsitz-infizierten-zahl-in-suedkorea-steigt-auf-mehr-als-5300_id_11576018.html (Zuletzt aufgerufen 2.3.2020)

[39] https://en.wikipedia.org/wiki/Periodic_table#Open_questions_and_controversies (Zuletzt aufgerufen 2.3.2020)

[40] http://www.keepingscore.org/content/farewell-das-lied-von-der-erde-song-earth-symphony-tenor-and-contralto-or-baritone-and-orc (Zuletzt aufgerufen 2.3.2020)

[41] https://www.lieder.net/lieder/assemble_translations.html?LanguageId=7&SongCycleId=235&ContribId=1 (Zuletzt aufgerufen 2.3.2020)

[42] http://harmonia.tomsk.ru/pages/498/ (Zuletzt aufgerufen 2.3.2020)

[43] http://www.forumklassika.ru/showthread.php?t=40445 (Zuletzt aufgerufen 2.3.2020)

[44] http://www.gutelehre.at/lehre-detail/?tx_bmwfwlehre_pi1%5Bproject%5D=23&tx_bmwfwlehre_pi1%5Bcontroller%5D=Project&tx_bmwfwlehre_pi1%5Baction%5D=detail&cHash=9a469caf1bd0ce17391bca15c3a28297 (Zuletzt aufgerufen 18.2.2020)

[45] https://www.uni-due.de/de/gute-wissenschaftliche-praxis/plagiatserkennung-software.php (Zuletzt aufgerufen 18.2.2020)

[46] Wie 28

[47] Daniel Janz: Hausarbeit zum Modul Computerlinguistik zum Thema Plagiatserkennung, Seite 12